Helga Fuld

Gestalten mit Gips
für Einsteiger

Helga Fuld

Gestalten mit Gips für Einsteiger

Formen herstellen
Abformen
Finishen

AUGUSTUS

Inhalt

Vorwort

Schöne und nützliche Gegenstände aus Gips finden Sie heute in vielen Dekorations- und Einrichtungsgeschäften, aber nicht nur dort: Auch Stuckateure stellen aus Gips die schönsten Profile, Leisten, Ornamente und Konsolen her. Alle diese Gips-Teile haben eines gemeinsam: Sie wurden in einer Form gegossen. Diese kann aus Latex oder Silikon sein und immer wieder verwendet werden. Und genau mit diesen Materialien möchte ich Sie vertraut machen.

In diesem Buch lernen Sie, wie man fertige Formen richtig nutzt, Gegenstände mit Latex abformt und Formen aus Silikon-Kautschuk selber herstellt. Dazu verrate ich Ihnen viele Tricks und Kniffe im Umgang mit diesen Materialien. Gleichzeitig möchte ich Ihnen zeigen, was Sie alles abformen können und wie Sie die entstandenen Teile dekorativ verwenden. So entstehen nicht nur viele Gegenstände, die Ihr Zuhause verschönern, sondern auch zauberhafte Geschenke.

Grundausstattung

Für fast alle in diesem Buch gezeigten Arbeiten benötigen Sie eine Grundausstattung, die Sie teilweise sicherlich schon im Haushalt haben:

① Küchenwaage

② Messbecher

③ Plastikschalen bzw. Mischbecher aus Gummi

④ Plastikfolie oder große Glasplatte zum Abdecken der Arbeitsfläche

⑤ Lineal und Cutter zum Herstellen von Gießkästen

⑥ feines Schmirgelpapier

⑦ Löffel und Gabel zum Anrühren von Gips

⑧ Küchenmesser zum Glätten von Kanten

⑨ breiter Spachtel zum Glattziehen von Gipsoberflächen

⑩ Klebepistole

Gips verarbeiten

Gips ist ein Mineral, das in der Natur vorkommt und industriell bearbeitet wird. So gibt es dieses Material in den unterschiedlichsten Qualitäten, zum Beispiel als *Alabastergips,* der ganz fein gemahlen und von hochweißer Farbe ist. Im Gegensatz dazu weist der *Modellgips,* den man in großen Beuteln preiswert im Baumarkt kaufen kann, einen leicht grauen Farbton auf. Diesen Modellgips ① verwende ich für Stützformen.

Inzwischen gibt es im Handel (Bastelbedarf) qualitativ hochwertige *Gießpulver* (z.B. Kera-quick), die für das Ausgießen der Formen sehr gut geeignet sind. Das Pulver lässt sich leicht verarbeiten und hat nach dem Aushärten eine schneeweiße und seidenglatte Oberfläche. Außer in Weiß ② gibt es das Gießpulver bereits eingefärbt in den Tönen Terrakotta ③ und Schiefer ④.

Bevor Sie nun mit den ersten Versuchen beginnen, decken Sie den gesamten Arbeitsbereich gut mit Plastikfolie ab. Füllen Sie etwas Wasser in eine Plastikschüssel und streuen Sie langsam und gleichmäßig mit einem Esslöffel das Gießpulver ein.

Wenn sich kleine Erhebungen im Wasser bilden, die nicht mehr einsinken, ist die Pulverzugabe vorerst ausreichend.

Nun verrühren Sie mit einer Gabel den Gips gründlich mit dem Wasser, dabei zerdrücken Sie kleine Klümpchen am Schüsselrand.

Die richtige Konsistenz ist erreicht, wenn die Gipsmasse nicht mehr von der Gabel fließt. Sollte die Masse auf der Gabel noch durchscheinend sein und tropft sie von der Gabel, ist der Gipsbrei zu dünn und Sie müssen noch etwas Pulver hinzufügen.

Wichtig: Nach der Verarbeitung die Schüssel mit eventuellen Gipsresten keinesfalls im Waschbecken ausspülen: Schon nach kurzer Zeit würde sich der Gips in den Rohren festsetzen und zu Verstopfungen führen. Lassen Sie daher Gipsreste immer in der Schüssel trocknen. Durch leichtes

Zusammendrücken des Schüsselrandes lösen sich die Reste und können entsorgt werden. Wenn Sie viele Reste haben, sammeln Sie diese in einer Plastiktüte und entsorgen sie auf dem Wertstoffhof im Bauschutt.

Arbeiten mit Fertigformen

Auch der Handel hat den Basteltrend mit Gips inzwischen entdeckt und bietet eine Vielzahl fertiger Formen aus Kunststoff und Latex an. Am einfachsten lassen sich flache Fertigformen ausgießen, etwas aufwändiger sind Schlauchformen.

Zusätzliches Material

Für das Arbeiten mit fertigen Gießformen benötigen Sie zusätzlich zur Grundausstattung folgendes Material:

① Formenhalter zum Ausgießen für Schlauchformen

② lange Kranznadeln als Bildaufhänger

③ Spülmittel zum Abziehen von Schlauchformen

④ Trennspray (auch als Teflonspray im Handel)

⑤ feste klare Folienplatten (Zubehör für Fenstermalfarbe)

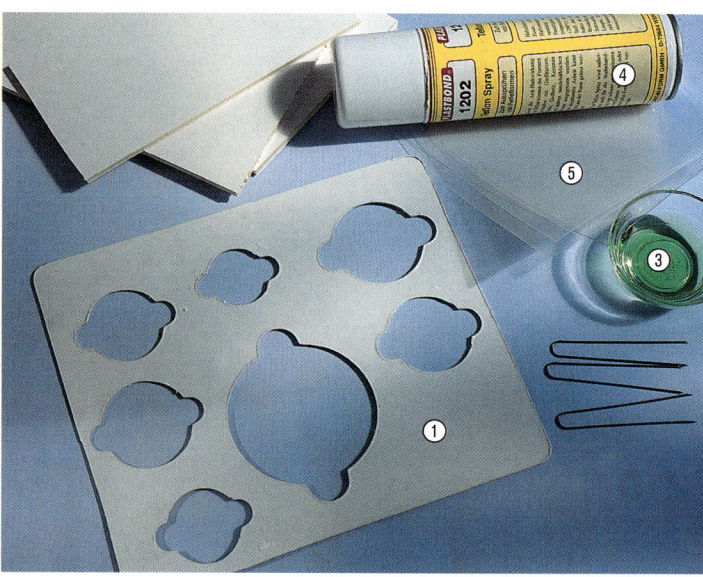

Ausgießen flacher Fertigformen

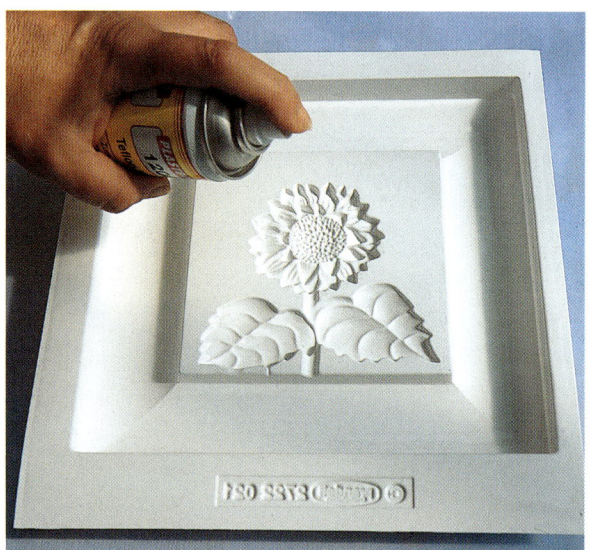

Starke, reliefartige Formen haben leider den Nachteil, dass sich das fertig gegossene Objekt nur schwer daraus lösen lässt. Sprühen Sie daher zuerst die Form mit Trennspray ein. Es gibt auch Trennmittel in pastoser Form, das mit einem Pinsel aufgetragen wird.

Rühren Sie, wie auf Seite 8 beschrieben, das Gießpulver sorgfältig an und gießen Sie es langsam in die vorbereitete Form.

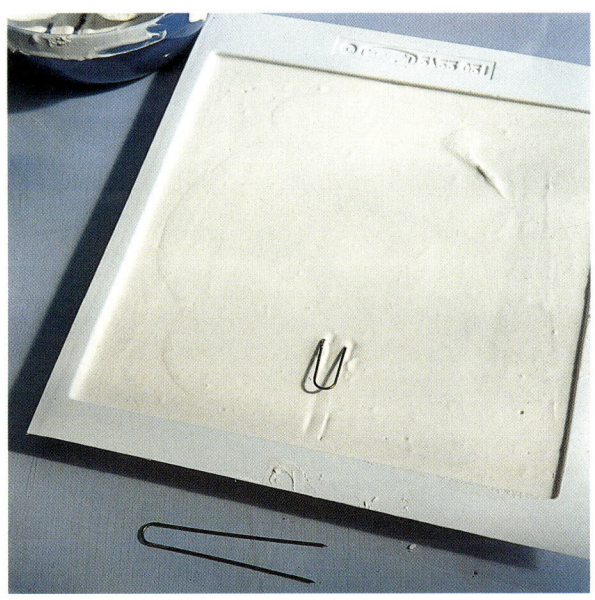

Die Form nun mehrfach vorsichtig auf der Arbeitsfläche hin- und herrütteln und leicht aufstoßen, sodass eingeschlossene Luftbläschen entweichen können. Überschüssige Masse ziehen Sie mit dem Spachtel ab.

Eine lange Kranznadel zur Hälfte umbiegen, sodass ein Haken entsteht. Wenn die Gipsmasse leicht angezogen ist – das ist nach etwa 5 Minuten der Fall – drücken Sie den Haken vorsichtig mittig in die Gipsoberfläche. Achten Sie dabei darauf, dass das Bild später richtig herum hängt.

Durch eine chemische Reaktion wird der Gips während des Aushärtens sehr warm. Je nach Konsistenz der Gießmasse und Größe der Form kühlt er nach einiger Zeit wieder ab. Erst dann lösen Sie den Gegenstand aus der Form. Jetzt lassen sich die Kanten leicht mit einem Messer oder mit Schmirgelpapier glätten.

Lassen Sie das Objekt gut durchtrocknen. Der beste Platz dafür ist die Heizung, auf der ein Objekt dieser Größe mindestens drei Tage liegen sollte. Zum besseren Schutz gegen Feuchtigkeit und Schmutz überziehen Sie alle aus Gips hergestellten Gegenstände mit mattem Klarlack.

Apfel und Sonnenblume im Rahmen

Besonders dekorativ wirken die Rahmen im Doppelpack. Interessant ist die Lichtwirkung auf der Oberseite, die Obst und Blüte besonders plastisch erscheinen lässt.

Äpfel

Die Äpfel kennen Sie vom Apfelbild auf Seite 12. Auch diese Form wurde zweckentfremdet, um nur die Früchte auszugießen. Wie das geht, lesen Sie beim Rosenmotiv auf Seite 15 nach. Wenn Sie die cottofarbenen Äpfel auf eine kleine Holzkiste kleben, haben Sie ein dekoratives Mitbringsel – besonders mit Äpfeln aus dem eigenen Garten.

Rosen

Eine solche Rosenbildform können Sie unter-
schiedlich verwenden. Gießen Sie entweder die
ganze Form mit cottofarbenem Gießpulver zum
Bild aus oder verwenden Sie nur das Innenmotiv
zur Dekoration eines Blumenübertopfes.

Nach dem Erkalten das Relief aus der Form lösen,
überstehende Kanten abbrechen und schleifen.

Wenn Sie nur das innere Relief ausgießen möchten, legen Sie ein Stück der festen Plastikfolie auf
die Masse und schieben sie leicht hin und her,
sodass überschüssiges Material an den Seiten
austritt. Wenn die Gießmasse warm wird, entfernen Sie vorsichtig die Plastikfolie.

Auf diese Weise stellen Sie vier Reliefs her und
kleben sie nach dem Trocknen mit Heißkleber
auf einen eckigen Übertopf.

Kerzenhalter und Tischkarten

Diese edlen Kerzenhalter und Tischkarten im Silberglanz schmücken jede Festtafel. Sie wurden in Fertigformen gegossen. Wie Sie dem Tafelschmuck festlichen Glanz verleihen, steht auf Seite 51.

Goldengel

So ein kleiner Engelkopf ist eine romantische Weihnachtsdekoration. Wenn Sie gleich mehrere Köpfe gießen, haben Sie immer ein dekoratives Geschenk zur Hand. Wie Sie den Engel vergolden, erfahren Sie auf Seite 53.

Dreidimensionale Fertigformen aus zwei Teilen

Das Ausgießen dreidimensionaler Gießformen aus zwei Teilen verlangt etwas Übung. Schneiden Sie die Form – hier Fertigformen für Flaschenverschlüsse – an den vorgeprägten Linien auseinander. Außerdem schneiden Sie am unteren Ende der Form ein kleines Gießloch aus.

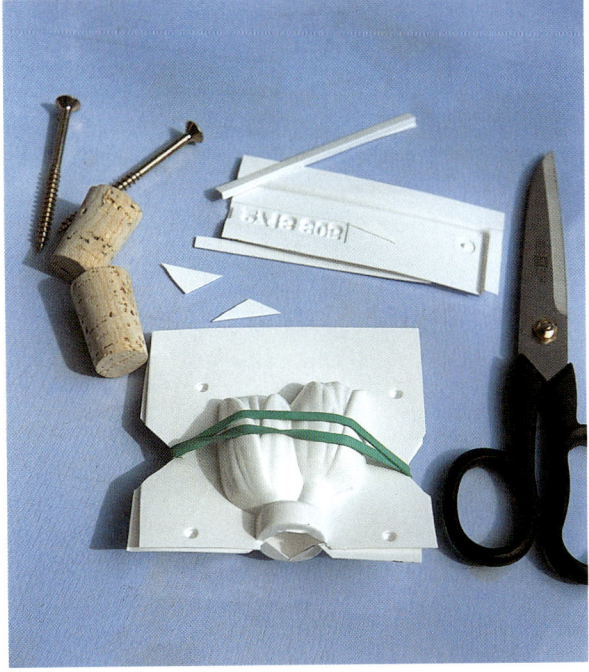

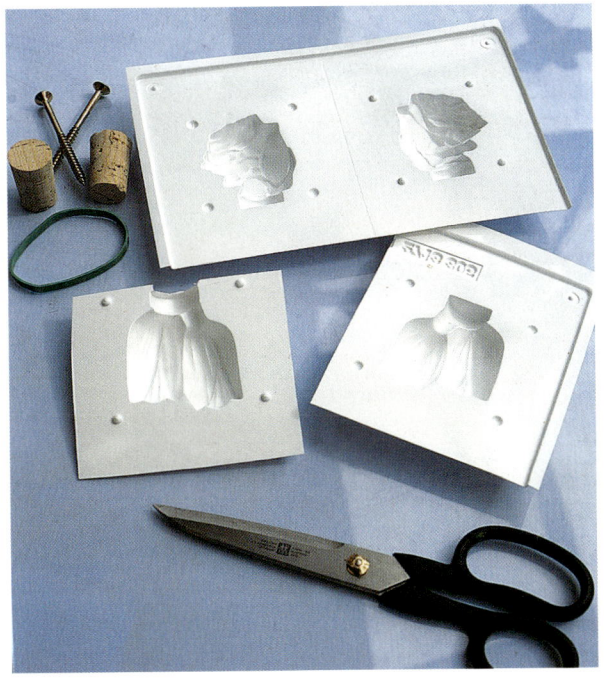

Beide Formteile passgenau zusammenlegen und die Außenkanten keilförmig einschneiden. Die Formteile halten Sie mit einem Gummiband fest zusammen.

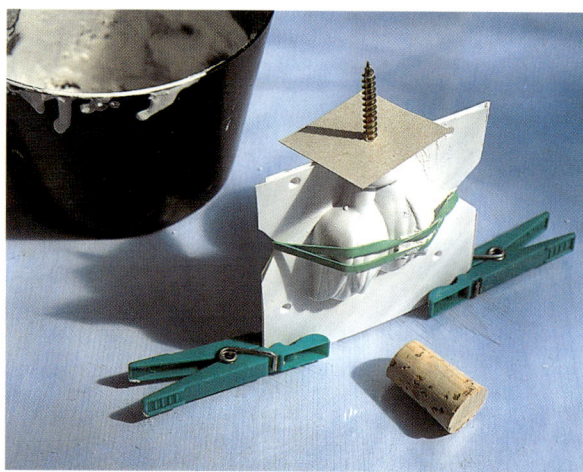

Stellen Sie die Form mit Hilfe von zwei Wäsche-klammern aufrecht und füllen Sie die angerührte Gießmasse ein.

Die mitgelieferte Schraube drehen Sie so durch ein Stück Pappe, dass das Gewindeteil etwas kür-zer als der Korken ist und ihn später nicht durch-bohrt. Die Schraube mit dem Kopf in die Gieß-masse drücken. Das Pappstück verhindert das zu tiefe Einsinken der Schraube.

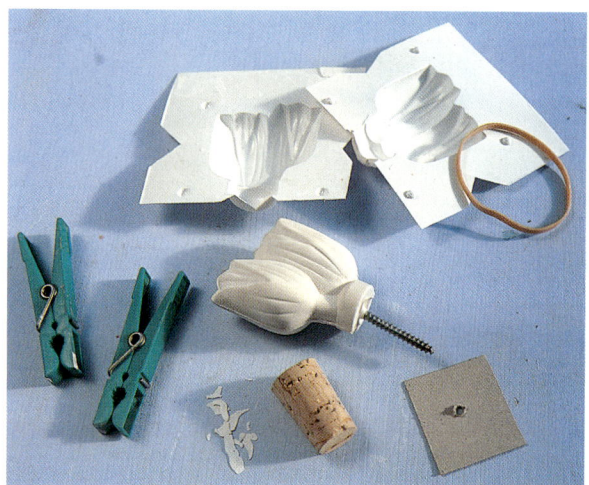

Nach dem Aushärten lösen Sie den Flaschenver-schluss aus der Form, glätten die Nahtstellen mit Schmirgelpapier und schrauben den Korken auf.

Wenn die Verschlüsse gut durchgetrocknet sind, werden sie farbig gestaltet (siehe Seite 51).

Fertige Schlauchformen

Im Handel finden Sie fertige Schlauchformen aus Latex. Wichtiges Hilfsmittel beim Ausgießen dieser Formen ist ein Formenhalter aus stabilem Kunststoff mit verschieden großen Öffnungen für unterschiedliche Formen. Vorteilhaft ist, dass Sie gleich mehrere Formen auf einmal ausgießen können. Legen Sie den Formhalter so über zwei Blechdosen o. Ä., dass die Formen frei hängen und auf der Arbeitsfläche nicht aufstoßen.

Die Schlauchformen ausgießen und nach dem Erkalten abziehen. Damit das Latex dabei nicht

aneinander klebt, reiben Sie die Form von außen mit Spülmittel ein und ziehen sie erst dann vorsichtig ab. Vor dem nächsten Ausgießen die Formen auch von innen gut reinigen und trocknen lassen.

Sobald die Formen vollständig trocken sind, können Sie sie entsprechend Ihren Vorstellung bemalen (siehe Seite 51).

Tipp: *Falls Sie keinen Formenhalter bekommen, können Sie sich auch mit fester Pappe behelfen. Dazu schneiden Sie aus einem Pappstück einen Kreis heraus, der etwas kleiner ist als der Durchmesser der Gießformöffnung. Um den Kreis im Abstand von gut 2-3 cm die Pappe quadratisch ausschneiden und den so entstandenen Halter auf ein Wasserglas legen.*

Frösche

Die hängenden Frösche sind eine witzige Dekoration für schlichte Blumentöpfe. Sie wurden mit cottofarbenem Gießpulver in einer fertigen Latex-Schlauchform gegossen.

Formen aus Latex selbst herstellen

Wenn Sie sich nicht auf die im Handel angebotenen Gießformen beschränken möchten, können Sie selbst Formen nach Ihren Vorstellungen herstellen. Wählen Sie Latex, wenn Sie ein Objekt nur als Einzelstück oder in geringer Anzahl fertigen wollen. Latex-Formen sind empfindlicher als Formen aus Silikon-Kautschuk (siehe Seite 34), weil sie beim Abziehen oder nach häufiger Verwendung reißen können. Zum Abformen eignen

sich besonders kleinere, kompakte Gegenstände aus Glas, Keramik, Porzellan, Holz, Gips, Ton und Metall. Viele der abgebildeten Gegenstände sind Fundstücke vom Flohmarkt.

Latex wurde ursprünglich aus dem Milchsaft spezieller Pflanzen gewonnen. Heute wird dieses Material auf synthetische Weise hergestellt. Latex ist eine milchige Flüssigkeit und, je nach Hersteller, von gelber, rosa oder roter Farbe. Diese Flüssigkeit ist erheblich preiswerter und ergiebiger als Silikon-Kautschuk (siehe Seite 34). Latex riecht allerdings sehr stark ätzend. Arbeiten Sie deshalb nur in einem gut belüfteten Raum oder – wenn es die Jahreszeit erlaubt – im Garten oder auf dem Balkon.

Profi-Tipp
Bei stark saugenden Materialien wie z.B. Gips ist es notwendig, den Gegenstand, den Sie abformen möchten, mit einem Trennmittel vorzubehandeln. Gegenstände aus Metall müssen mit einer Schicht Klarlack versehen werden.

Zusätzliches Material

Für das Arbeiten mit Gießformen aus Latex benötigen Sie zusätzlich zur Grundausstattung folgendes Material:

① Latexemulsion
② Trennmittelpaste
③ Spülmittel
④ Gummibänder
⑤ Frischhaltefolie
⑥ Kapa-Line-Platte (glatte Pappe mit Schaumstoffkern, Grafikbedarf)
⑦ Talkum (aus der Apotheke)

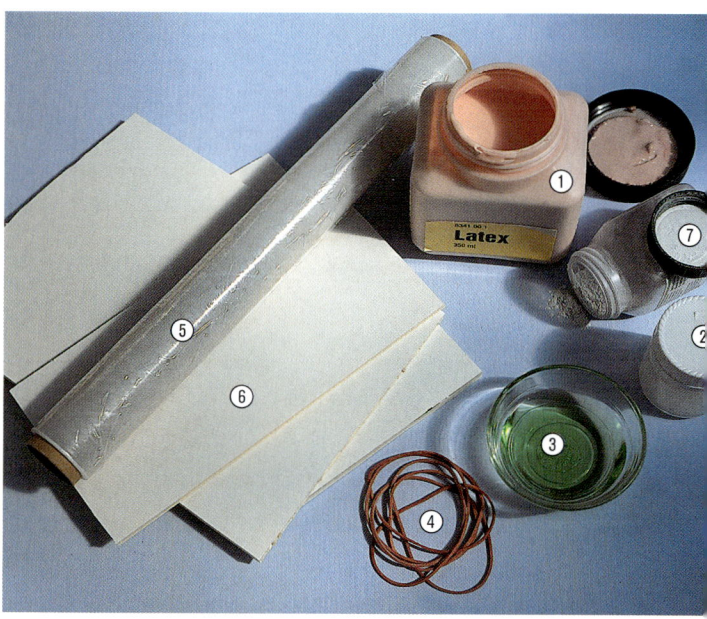

Herstellen einer Latexform

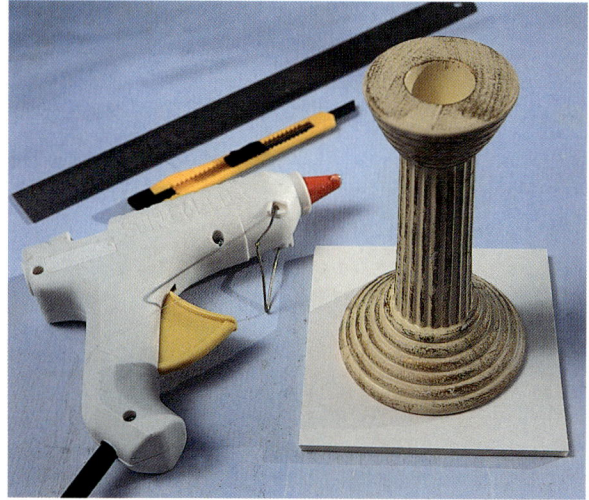

Schneiden Sie ein quadratisches Stück Kapa-Line zu und kleben Sie das Objekt, das Sie abformen möchten – hier ein Kerzenleuchter – mittig mit Heißkleber auf: Dadurch entsteht später eine Art Aufhängevorrichtung zum Ausgießen.

Objekt und Pappe ganz dünn mit Trennmittelpaste einstreichen. Das geht am besten mit einem Flachpinsel, den Sie zusammen mit dem Trennmittel für spätere Arbeiten aufheben sollten.

ten Stellen mit der Latexemulsion bestreichen. Auch hierfür verwenden Sie einen Flachpinsel. Wichtig: Da sich Latex nur schwer aus dem Pinsel entfernen lässt, bewahren Sie ihn am besten im Glas mit der Latexmischung auf, sodass er nicht austrocknet (ggf. den Pinselstiel mit einer Säge kürzen).

Füllen Sie die Latexemulsion in ein hohes, verschließbares Glas um und tauchen Sie das Objekt kopfüber hinein. Wer empfindlich auf Hautreize reagiert, sollte beim Arbeiten mit Gips und Latex Schutzhandschuhe tragen.

Die erste Latexschicht etwa 1-2 Stunden trocknen lassen, dann den Tauch- und Pinselvorgang wiederholen. Bei kleinen Gegenständen reichen fünf Schichten, bei größeren wie diesem Leuchter benötigen Sie acht bis zehn Schichten. Lassen Sie jede Schicht gut durchtrocknen!

Den Leuchter auf der abgedeckten (!) Arbeitsfläche abstellen und die restlichen noch unbedeck-

Nach dem letzten Trockenvorgang können Sie die Form abziehen. Damit die Latexform dabei nicht verklebt, bestreichen Sie die Oberfläche dünn mit Spülmittel und waschen die Form anschließend von innen und außen gut mit Seifenwasser aus. Die vollständig trockene Form pinseln Sie zum Schutz dünn mit Talkum ein.

Nun können Sie die Form mit angerührter Gießmasse ausgießen. Bei kleinen Formen geht das
ganz unproblematisch, bei großen Formen wie
diesem Kerzenleuchter gelingt es nur mit einem
Profi-Trick, denn normalerweise ist ein so großes
Objekt für eine nachgiebige Latexform ungeeig-
net: Der eingefüllte Gips würde den Leuchter,
wenn er am unteren Ende freischwebend hängt,
aus der Form bringen. Wenn Sie aber die Form in
ein passendes hohes Gefäß stellen, sodass der
Leuchterfuß gut auf der Glasöffnung und das untere Formende gerade eben auf dem Glasboden
aufliegt, behält der Leuchter seine Form.

Die fertigen Leuchter wurden mit matter Acrylfarbe in zarten Pastelltönen bemalt. Die abge-
formten Leuchter waren aus Glas, Keramik und
Holz.

Arbeiten mit Latex- und Stützformen

Wenn Sie eine Latexform von größeren Objekten erstellen möchten, benötigen Sie eine ein- oder zweiteilige Stützform, die Sie aus Gips herstellen. Sie verhindert beim späteren Ausgießen ein Verziehen der nachgiebigen Latex-Gießform.

Kleben Sie jeweils rund um die Bodenpappe drei passend zurecht geschnittene Kapa-Line-Stücke. Kippen Sie den halb fertigen Kasten und kleben Sie das vierte Pappstück von vorne gegen die offenen Kanten. Der Kürbis »schwebt« nun seitlich liegend im Kasten.

Zuerst kleben Sie Ihre Vorlage, hier einen Kürbis, mit Heißkleber auf ein Stück Pappe und überziehen ihn mit fünf Schichten Latex. Das gelingt am gleichmäßigsten, wenn Sie den Kürbis hineintauchen. Nach dem Durchtrocknen entfernen Sie die Pappe – es wird das spätere Gießloch sichtbar, der Kürbis bleibt weiterhin in der Latexform. Nun kleben Sie den Kürbis mit der Gießöffnung mittig auf ein quadratisch zugeschnittenes Stück Kapa-Line; das rundherum etwa 2 cm größer ist als der Kürbis.

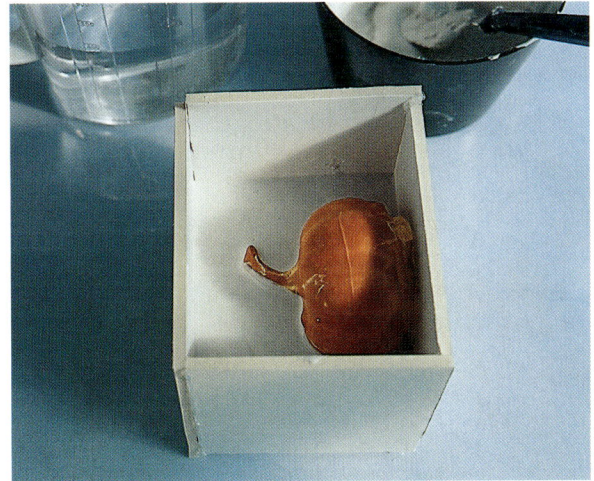

Modellgips anrühren und soweit in den Kasten gießen, dass der Kürbis zur Hälfte im Gips liegt. Die Form mehrmals fest auf der Arbeitsfläche aufstoßen, damit sich die Gipsmasse überall gleichmäßig verteilt. Lassen Sie den Gips leicht antrocknen.

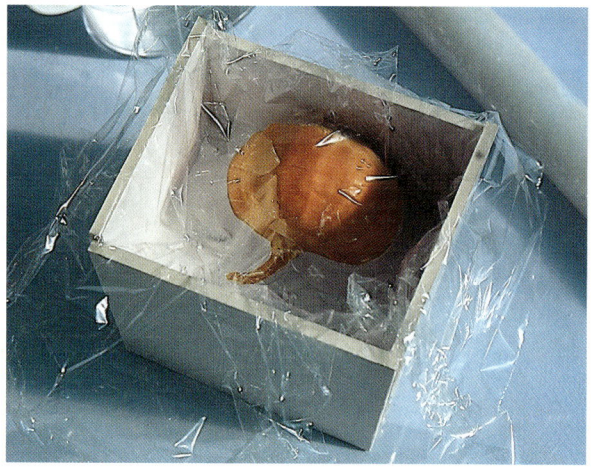

Legen Sie ein ausreichend großes Stück Frischhaltefolie so in den Kasten, dass sowohl Kürbis und Gips als auch die Seitenwände gut abgedeckt sind und beim nächsten Arbeitsschritt kein flüssiger Gips auf die untere Form fließen kann.

Nun wieder Modellgips anrühren und auf die Folie in den Kasten gießen, so dass die Kürbisform vollständig umschlossen ist. Stoßen Sie den Kasten wiederum mehrfach auf der Arbeitsfläche auf. Wenn der Gips abgekühlt ist, reißen Sie den Gießkasten auseinander und nehmen beide

Gipsformteile vom Kürbis ab. Nun können Sie, wie auf Seite 19 beschrieben, die Latexform vom Kürbis abziehen.

Zum Ausgießen mit Gips legen Sie die Latexform passgenau in die eine Hälfte der Stützform, fügen die andere Hälfte dagegen und halten alles mit einem Gummiband zusammen.

Die Kürbisse wurden mit terracottafarbener Gießmasse gegossen und zum Schutz gegen Feuchtigkeit mit Klarlack gestrichen. Sie schmücken hier ein buntes, herbstliches Stillleben. Wenn der Winter kommt, setzen Sie die Gips-Kürbisse als Dekoration im Haus ein. ▶

Frosch

Der Frosch aus Cotto-Gießpulver ziert jeden Gartenteich. Er wurde mit Hilfe einer Stützform von einem einfachen Plastikfrosch abgeformt.

David

Auch für einen solchen Kopf benötigen Sie eine Stützform. Der Davidkopf aus Terracotta, der hier abgeformt wurde, war ein Mitbringsel aus der Toskana.

Votivherz

Auch für das Votivherz ist eine Stützform nötig. Kleben Sie das auf der gewölbten Oberseite mit den Latexschichten überzogene Metallherz mit Heißkleber in einen Pappkasten und übergießen Sie es etwa 2 cm hoch mit Modellgips. Nach dem Aushärten der Stützform legen Sie die Herz-Latexform hinein und gießen sie aus.

Frauenkopf

Den Frauenkopf habe ich in einem Möbelgeschäft gefunden. Der Sockel wird einfach in einer zusammengeklebten Pappschachtel gegossen. Bohren Sie mit der Bohrmaschine jeweils ein Loch in Sockel und Kopf und leimen Sie einen passenden Rundholzstab hinein. Stab mit silberner Bastelfarbe bemalen.

Fruchtkorb

Originell wirkt solch eine lockere Zusammenstellung von Rahmenmotiven um ein großes Zentralmotiv. Der Fruchtkorb ist vielfältig einsetzbar und lässt sich auch sehr schön farbig gestalten.

Formen aus Silikon-Kautschuk selbst herstellen

Silikon-Kautschuk ist ein recht teures Material – je nach Hersteller kostet ein Kilogramm zwischen 60 und 70 Mark – die fertige Gießform ist aber, im Gegensatz zu Latex-Formen, die leicht reißen können, unverwüstlich und unbegrenzt haltbar. Silikon-Kautschuk setze ich deshalb ein, wenn ich eine Form sehr häufig verwenden möchte.

Silikon-Kautschuk wird von Industrie und Handwerk überall dort eingesetzt, wo originalgetreue Abformungen benötigt werden. Silikon-Kautschuk RTV (RTV steht für Raumtemperatur vulkanisieren) gibt es in verschiedenen Qualitäten: Leicht fließender Kautschuk mit mittlerer Elastizität hat den Zusatz NV (niedrigviskos) im Namen, das Produkt RTV/HV (hochviskos) ist ein nicht fließender Kautschuk mit hoher Viskosität und großer Elastizität, besonders geeignet zum Abformen an senkrechten Flächen. Darüber hinaus gibt es unter der Bezeichnung RTV/HB (hitzebeständig) einen roten Silikon-Kautschuk, der beispielsweise zum Ausgießen mit Zinn und Blei verwendet wird.

Für die nachfolgend gezeigten Arbeiten wird nur der weiße Silikon-Kautschuk RTV/NV verwendet. Er ist völlig geruchsneutral und frei von Lösungsmitteln und Weichmachern. Zusätzlich zum Silikon-Werkstoff brauchen Sie noch einen Vernetzer, der mit dem Silikon-Kautschuk vermischt wird und dafür sorgt, dass die Masse aushärtet (=vulkanisiert).

Material und Hilfsmittel

Für das Arbeiten mit Silikon-Kautschuk benötigen Sie zusätzlich zur Grundausstattung folgende Materialien und Hilfsmittel:
① Silikon-Kautschuk RTV/NV mit Vernetzer
② + ③ Formenrahmen in rund oder eckig
④ Doppelklebeband
⑤ Kreppband
⑥ Trennmittel
⑦ Kapa-Line-Platte
⑧ Modellier- oder Knetmasse
⑨ Modellierstab
⑩ Rührstab

Abformen flacher Gegenstände

Zuerst einmal brauchen Sie einen Kasten, in den Sie das Objekt, das Sie abformen möchten einlegen. Um nicht zuviel Material zu verbrauchen, muss dieser Kasten maßgeschneidert sein: Rund um den Gegenstand sollte nur ein 1 cm breiter Rand frei bleiben. Sie können sich einen solchen Kasten aus Kapa-Line-Platten selbst herstellen (siehe Seite 25), besser geeignet sind allerdings die im Handel erhältlichen Gießkästen aus Metall. Die eckige Form besteht aus vier einzelnen Teilen und kann auf einer Glasplatte mit Hilfe von Klammern in beliebiger Größe zusammengesetzt werden. Die runde Form hat einen flexiblen Metallring und wird auf die gewünschte Formgröße eingerollt. Statt einer solchen runden Form können Sie sich aber auch mit einem Tortenring aus Edelstahl behelfen, den Sie auf einer Glasplatte fixieren.

Ordnen Sie die Gegenstände, die Sie abformen möchten, möglichst dicht auf dem Klebeband an. Den Metallrahmen zusammenbauen und so auf das Klebeband setzen, dass rund um die Objekte jeweils etwa 1 cm Platz bleibt.

Wichtig: Gegenstände aus porösen Materialien und aus Holz müssen im Gegensatz zu glatten Materialien wie Metall unbedingt ganz dünn mit Trennmittel eingestrichen werden.

Zum Abformen von kleinen Reliefs aus Holz und Ornamenten aus Metall verwenden Sie den eckigen Metallrahmen. Bekleben Sie die Glasplatte zunächst großzügig mit Doppelklebeband und ziehen Sie das Trägerpapier ab.

Damit der Silikon-Kautschuk nicht durch die feinen Bodenritzen oder die seitlichen Kanten des Metallrahmens läuft, verkleben Sie diese Stellen sorgfältig mit Kreppband.

Der nächste Arbeitsgang ist der wichtigste: Das Anrühren der Silikonmasse. Zunächst müssen Sie die benötigte Menge bestimmen. Mit einer aufwändigen Rechenarbeit lässt sich die exakte Menge ausrechnen, einfacher ist es aber, wenn Sie sich auf Ihr Augenmaß verlassen. Nehmen Sie aber lieber etwas zu wenig Material, fehlende Höhe kann mit erneut angerührter Masse aufgegossen werden.

Damit sich alle Bestandteile des Silikon-Kautschuks gut und geschmeidig miteinander verbinden, rühren Sie die Masse in der Dose gründlich durch. Dann füllen Sie die benötigte Kautschukmenge in den Mischbecher (sitzt bei den meisten Produkten als Deckel auf der Dose) und wiegen sie aus. Nun wird die Vernetzermenge berechnet: Die Vernetzerzugabe beträgt 2-3 % (Beachten Sie die Herstellerangabe auf der Dose.). Bei 2%iger Vernetzerzugabe beträgt die Vulkanisation (=Aushärtung) etwa 5 Stunden, bei 3%iger Zugabe dauert es etwa 2,5 Stunden, bis die Masse ausgehärtet ist.

Berechnung der Vernetzerzugabe
Bei 2%iger Vernetzerzugabe benötigen Sie für 100 g Silikon-Kautschuk 2 g Vernetzer. 1 g Vernetzer entspricht 40 Tropfen, d. h. Sie setzen dem Silikon insgesamt 80 Tropfen Vernetzer zu. Für das hier gezeigte Beispiel habe ich 250 g Silikon-Kautschuk abgefüllt und dementsprechend 200 Tropfen Vernetzer zugegeben. Zur Sicherheit füge ich immer noch etwa 5 Tropfen extra hinzu, brauche für 250 g Silikon-Kautschuk insgesamt also 205 Tropfen.

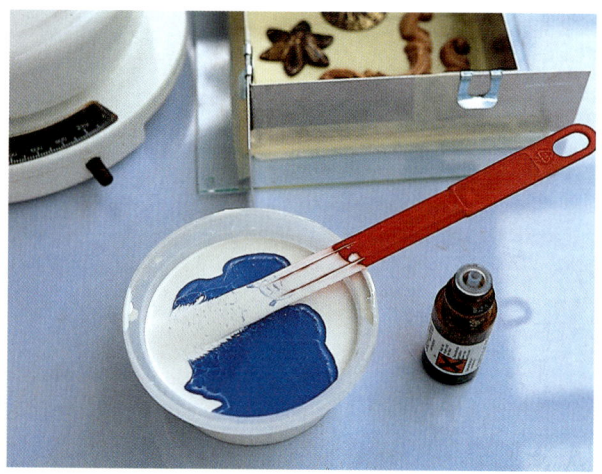

Vermischen Sie den Vernetzer nun sorgfältig mit dem Kautschuk. Rühren Sie die Masse dazu mindestens 1 Minute gründlich um, rühren Sie dabei auch die Masse am Boden und an den Seitenwänden ein. Da der Vernetzer meist von blauer Farbe ist, können Sie gut kontrollieren, wie sich die beiden Komponenten verbinden.

Gießen Sie nun eine dünne Schicht in die vorbereitete Form, sodass alle Teile mit einer gleichmäßigen Schicht Silikon überzogen sind. Erst jetzt die restliche Masse aufgießen. Achten Sie darauf, dass eine etwa 1 cm dicke Schicht Silikon-Kautschuk über den eingebetteten Objekten liegt.

Lassen Sie die Form bei Zimmertemperatur aushärten. Wenn die Silikon-Oberfläche absolut trocken ist und nicht mehr klebt, entfernen Sie die Gießkastenränder und ziehen die Negativ-Form vorsichtig ab. Vor dem ersten Ausgießen die Form etwa 48 Stunden lang trocknen lassen.

Abformen dreidimensionaler Gegenstände

Vielleicht möchten Sie von einem dreidimensionalen Gegenstand eine Form mit einer flachen Rückseite herstellen. Dazu bedarf es eines kleinen Tricks:

Zunächst markieren Sie mit einem Filzstift die exakte Hälfte des Gegenstandes, hier ein Herz, das später zu einer Bordüre zusammengesetzt werden soll.

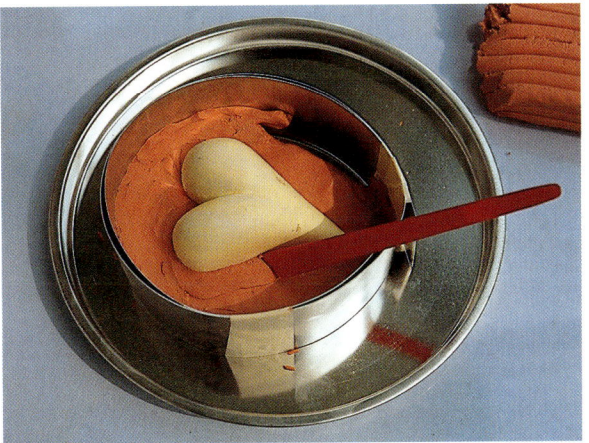

Drehen Sie einen Gießring zur erforderlichen Größe zusammen und füllen Sie ihn mit Knetmasse (z. B. Plastilin). Anschließend das Herz hineindrücken und mit einem Modellierstäbchen weitere Knetmasse um das Herz herum modellieren, bis eine gerade Fläche entsteht und die Masse direkt an der markierten Linie eng anliegt.

Nun können Sie die angerührte Silikon-Kautschuk-Masse aufgießen und wie beschrieben aushärten lassen.

Nach dem Aushärten nehmen Sie die Form ab. Das Ergebnis ist eine Gießform für ein Herz mit flacher Rückseite, in der Sie beliebig viele Herzen nachformen können.

Für die Wandbordüre zwei Pappstreifen mit einem breiten Abstand zueinander an die Wand kleben und den Zwischenraum etwa einen halben Zentimeter dick mit Gips- bzw. Spachtelmasse bestreichen. Nach kurzer Antrockenzeit drücken Sie die Herzen in die noch leicht feuchte Masse.

Schlüsselhaken

Hier geht garantiert kein Schlüssel verloren. Die Vorlage für die Silikon-Form war eine einzelne Rosette von einem alten, defekten Stuckrahmen. In die gegossenen und ausgehärteten Rosetten drehen Sie kleine Schraubhaken so ein, dass das Gewinde auf der Rückseite austritt und in passende Wanddübel eingeschraubt werden kann.

Holzregal

Mit verschnörkelten Ornamenten lässt sich ein schlichtes Holzregal im Nu aufpeppen. Das Regal aus sägerauen Brettern wurde nach dem Zusammenbau zunächst weiß gestrichen und im nächsten Arbeitsschritt geschmirgelt. So erhält es die lebendige Oberfläche, auf der die aufgeklebten Ornamente besonders gut zur Geltung kommen.

Weihnachtsengel

Auch bei diesem Weihnachtsengel-Paar lohnt es sich, eine Gießform aus Silikon-Kautschuk herzustellen, denn Engel kann man gar nicht genug haben: Sie sind ein nettes Mitbringsel oder ein schöner Tischschmuck in der Adventszeit.

Für den Fuß gießen Sie eine transparente Halbkugel mit Gips aus. Teilbare Kugeln bekommen Sie im Bastelbedarf. Zum Entformen muss die Halbkugel allerdings zerbrochen werden. Nach dem Trocknen bohren Sie je ein Loch in den Fuß und die Unterseite der Engel und verbinden beide Teile mit einem silbern bemalten Holzstab, den Sie in die Bohrlöcher kleben.

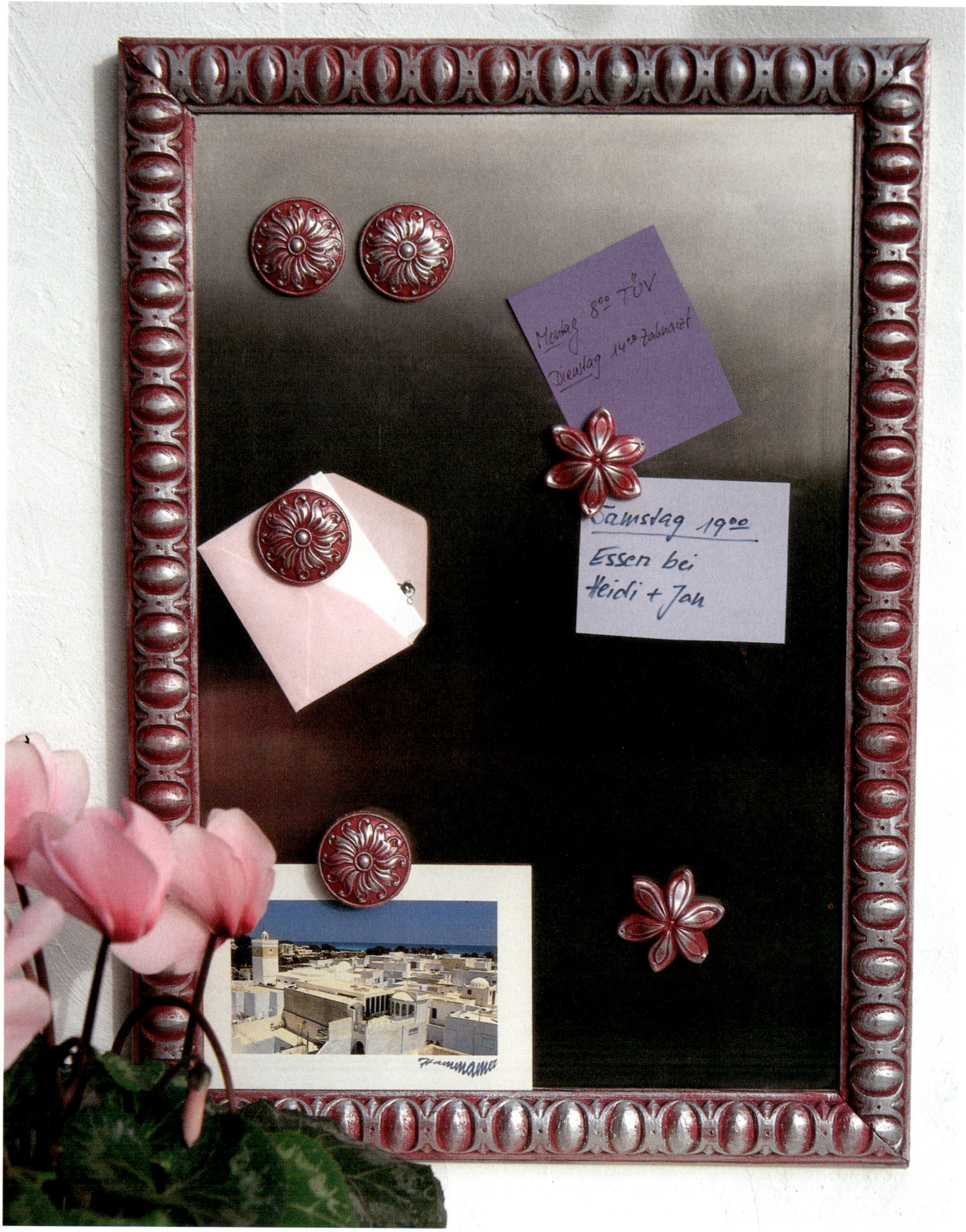
Samstag
Essen bei
Heidi + Jan

Pinnwand

So können Sie eine schlichte Metall-Pinnwand dekorativ verändern: Für den Rahmen sägen Sie Holzleisten auf Gehrung und kleben sie auf die Pinnwand. Die kleinen Ornamente wurden aus Gips gegossen und auf Magnete geklebt. Zum Schluss bemalen Sie alle Teile mit Bastelfarbe und patinieren sie silbern (siehe Seite 52).

Bilderrahmen

Kleine Gipsornamente eignen sich ideal zum Dekorieren schlichter Bilderrahmen. Streichen oder lasieren Sie die Rahmen in Ihrer Wunschfarbe und stimmen Sie die Ornamente darauf ab. Ideen für die Oberflächenbehandlung finden Sie ab Seite 51.

Margariten

Auch diese Margariten lassen sich vielseitig verwenden: Auf schlichte Serviettenringe aus Holz geklebt und gelb gewischt (siehe Seite 52) zieren sie jede Tafel. Wenn Sie in den Blütenkranz ein kleines Loch bohren und den Haken eines Gardinenclipses hindurchschieben, haben Sie gleich den passenden Tischdecken-Beschwerer.

Muschelgriffe und Fischbordüre

Ein schöner Schmuck für kleine Schubladen sind diese Muschelgriffe. Dazu wird von einer Muschel eine Silikon-Kautschuk-Form abgenommen. Wenn Sie die angerührte Gießmasse in die Form gegossen haben, warten Sie einige Minuten, bis der Gips leicht angezogen hat und stecken Sie dann mittig zur Hälfte einen kleinen Holzdübel ein. Mit diesem Dübel lassen sich die Griffe später leicht an den Schubladen befestigen. Nach dem Aushärten grundieren Sie die Muscheln und bemalen sie dann mit Silberbronze (siehe Seite 51).

Auch die Fischbordüre an der Wand ist selbst gegossen: Die Form wurde von einer kleinen Kupferbackform abgenommen und nach dem Aushärten zunächst türkis grundiert und dann mit Wischmetall patiniert (siehe Seite 52).

Büsten

Eine Fundgrube für schöne Objekte zum Abformen sind Museumsshops, wo ich auch diese kleinen Medaillons mit Frauenbüsten entdeckt habe. Von solchen (runden) Medaillons lassen sich die Büsten ganz einfach abformen: Um das Medaillon einen 3 cm breiten Pappstreifen kleben und mit Silikon-Kautschuk ausgießen. Nach dem Entformen wird nur die Büste mit Gipsmasse ausgegossen und die Oberfläche mit einem Spachtel glatt gestrichen.

Die fertigen Büsten lassen sich, mit Klarlack ge-
schützt, vielfältig verwenden, z. B. als Schmuck-
elemente auf Blumenvasen oder Tellern.

Blütenrelief

Mit Silikon-Kautschuk können selbst feinste Elemente detailgenau abgeformt werden. Die zarten Strukturen dieses Blütenreliefs kommen noch besser zur Geltung, wenn Sie die Oberfläche in der Wischtechnik gestalten (siehe Seite 52).

Konsole

Mit einem aufgelegten Glasboden kommen die Konsolen besonders gut zur Wirkung. Je nach Geschmack lassen Sie die Oberfläche weiß oder behandeln sie nach Ihren Vorstellungen in einer der ab Seite 51 beschriebenen Techniken.

Oberflächenbehandlung

Am schönsten wirken die meisten Gipsteile in reinem Weiß. Je nach Gegenstand, Verwendung und Geschmack können Sie aber auch mit einer passenden Bemalung sehr dekorative Wirkungen erzielen.

Bemalen

Zum Bemalen von Gipsobjekten eignen sich alle handelsüblichen Acryl-Farben. Ob Sie matte oder glänzende Farben bevorzugen, bleibt Ihrem Geschmack überlassen. Da Gips aber ein stark saugendes Material ist, sollten Sie Gips vor dem Bemalen grundsätzlich vorbehandeln, bzw. imprägnieren. Ich verwende dazu ein Produkt aus dem Baumarkt (Capaplex), das wasserlöslich ist und dem Objekt einen matten Glanz verleiht. Dieses Imprägniermittel eignet sich auch als Schlussanstrich, um die Gipsobjekte wasserabweisend zu machen.

Tragen Sie das Imprägniermittel mit einem Flachpinsel sorgfältig auf und lassen Sie den Anstrich gut trocknen.

Für eine festliche Bemalung eignen sich Metallic-Farben wie Gold- oder Silberbronze. Verwenden Sie für das Auftragen der Farbe am besten einen weichen Tuschpinsel.

Wischen

Ein ganz spezieller Effekt entsteht durch die Wischtechnik: Dazu wird das Objekt zuerst wiederum mit Capaplex imprägniert und dann mit Acrylfarbe vollständig bemalt.

Solange die Farbe noch feucht ist, wischen Sie mit einem feuchten Schwamm leicht über die erhabenen Strukturen der Oberfläche: Durch die vorherige Imprägnierung lässt sich die Farbe leicht entfernen und bleibt nur in den Vertiefungen hängen.

Patinieren

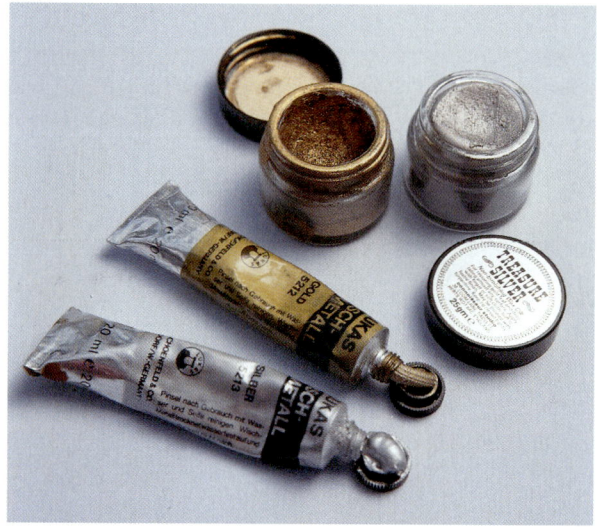

Besonders edel wirken Gipsobjekte, wenn sie nach dem Bemalen zusätzlich patiniert werden. Am besten erzielen Sie diese Wirkung mit Wischmetall, das in Tuben oder Gläsern und in verschiedenen Farben wie z. B. Silber oder Gold erhältlich ist.

Bemalen Sie die Gipsteile (hier den Rahmen für die Pinnwand auf Seite 42) zuerst mit Bastelfarbe.

Vergolden

Wenn die Farbe getrocknet ist, nehmen Sie ganz wenig (!) Wischmetall auf einen weichen Lappen und wischen damit leicht über die Oberfläche: Die Paste soll nur die Oberfläche, nicht aber die Vertiefungen bedecken. Zum Schluss die patinierten Flächen polieren.

Einen unnachahmlichen Glanz erhalten Ihre Gipsobjekte, wenn sie mit Schlagmetall vergoldet werden. Diese hauchdünnen Blättchen gibt es in verschiedenen Goldtönen, aber auch in Silber und Kupfer im Künstlerbedarf und im gut sortierten Bastelhandel. Zusätzlich benötigen Sie noch ein Anlegemittel, auf dem das Metall haftet sowie einen Flachpinsel und einen weichen Tuschpinsel.

Zuerst imprägnieren Sie das Objekt mit Capaplex. Wenn dieser Auftrag getrocknet ist, tragen Sie gleichmäßig das Anlegemittel auf. Die Trockenzeit des Anlegemittels ist von Hersteller zu Hersteller verschieden, achten Sie daher genau auf

die Packungsanweisung. Ich benutze gerne ein so genanntes Schnellanlegemittel aus dem Künstlerbedarf.

Auf diese Weise bedecken Sie den Engelkopf nach und nach vollständig mit Schlagmetall. Danach glätten Sie zuerst die ganze Fläche mit der Fingerkuppe, dann die Vertiefungen mit einem weichen Pinsel. Zum Schluss alle überschüssigen Goldreste mit dem Pinsel abbürsten und den Engel an einem warmen Ort über Nacht durchtrocknen lassen.

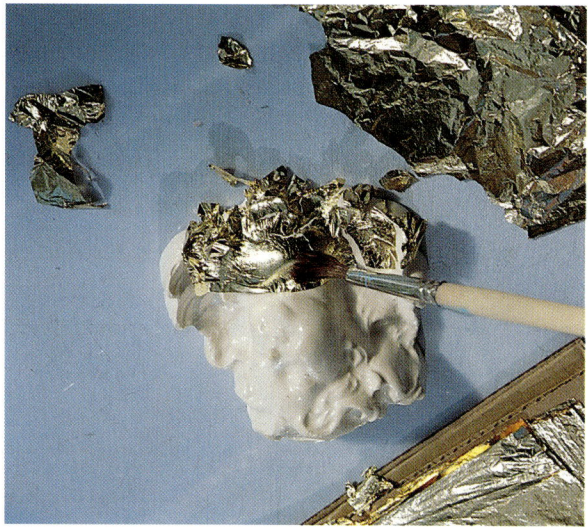

Zum Schutz gegen Feuchtigkeit und Oxydation das Gipsobjekt eventuell mit Schellack (im Künstlerbedarf erhältlich) überstreichen. Dieser Schutz ist nicht unbedingt nötig, wenn Ihr Objekt nur wenig beansprucht wird.

Nach einer gewissen Trockenzeit muss sich der Auftrag noch minimal klebrig anfühlen. Jetzt nehmen Sie vorsichtig ein Blatt Schlagmetall, zupfen ein kleines Stück ab und legen es auf das Objekt. Das Metall leicht andrücken, dann das nächste Stück leicht überlappend daneben legen und wieder andrücken, dabei den weichen Pinsel zu Hilfe nehmen.

Anhang

Bezugsquellen

Als Bezugsquellen der in diesem Buch genannten Materialien kommen in erster Linie drei Geschäftsgruppen in Frage: Hobby- und Bastelhandlungen, Künstlerbedarfshandlungen und Baumärkte. Selbstverständlich gibt es im Handel immer wieder Mischformen, so dass Sie auch Farbenhandlungen, Läden mit Büro- und Grafikbedarf, Gartenmärkte mit Hobbyabteilungen bei der Suche nach speziellen Materialien mit einbeziehen müssen.

Imprägniermittel,
z.B. Capaplex u.ä. Modellgips
in Farbengeschäften, Baumärkten

Schlagmetall (gibt es je nach Hersteller
mit unterschiedlichen Bezeichnungen)
in Hobby- und Bastelhandlungen, Künstlerbedarfsgeschäften

Welche Materialien finden Sie wo am ehesten?

Depavit-Pappe, Kapa-Line-Platte
(wird auch von Architekten zur Modellanfertigung benutzt)
Grafikbedarfshandel

Fertigformen
Latex, Silikon-Kautschuk und Zubehör
Gießmassen, wie z.B. Keraquick
Gießkästen aus Metall
Holzzierteile zum Abformen
Formenhalter
im Hobby- und Bastelhandel

Verfasser und Verlag bedanken sich bei der Firma Creative Hobbies Knorr/Prandell GmbH für die Unterstützung durch Material bei der Erarbeitung dieses Buches.

Die Deutsche Bibliothek – CIP-Einheitsaufnahme

Ein Titeldatensatz für diese Publikation ist bei
Der Deutschen Bibliothek erhältlich.

Weitere Informationen zum Augustus Kreativ-Programm finden Sie auf unseren Internetseiten www.augustus.de

Fotografie: Helga Fuld, Inning/Ammersee
Lektorat: Sabine Fels, Renningen
Umschlagkonzeption: Kontrapunkt, Kopenhagen
Umschlaglayout / Herstellung: Jörg Alt
Layout: Walter Werbegrafik, Gundelfingen

AUGUSTUS VERLAG, München 2001
© Weltbild Ratgeber Verlage GmbH & Co. KG.

Satz: DTP-Design Walter, Gundelfingen
Reproduktion: Repro Ludwig, A-Zell am See
Druck und Bindung: Appl, Wemding

Gedruckt auf 115 g umweltfreundlich chlorfrei gebleichtem Papier.

ISBN 3-8043-0794-9

Printed in Germany